Arquitectos Mexicanos

Elegancia y Estilo

Arquitectos Mexicanos

Elegancia y Estilo

EDICIÓN
Fernando de Haro
Omar Fuentes

Autores *Authors*

Fernando de Haro & Omar Fuentes

Diseño y Producción Editorial *Editorial Design & Production*

ARQUITECTOS
EDITORES
MEXICANOS

Dirección del Proyecto *Project Manager*

Valeria Degregorio Vega
Martha P. Guerrero Martel

Corrección de estilo *Copy Editor*

Abraham Orozco González

Traducción *Translation*

Dave Galasso

© 2002, Fernando de Haro & Omar Fuentes

Arquitectos Mexicanos Editores S.A. de C.V.
Paseo de Tamarindos #400 B, suite 102,
Col. Bosques de las Lomas, C.P. 05120,
México, D.F. Tel. 52(55) 5258-0279,
Fax. 52(55) 5258-0556
E-mail: armex@armexedt.com.mx
www.arquitectura.com.mx

ISBN 968-5336-10-5

Ninguna parte de este libro puede ser reproducida,
archivada o transmitida en forma alguna o mediante
algún sistema, ya sea electrónico, mecánico, de
fotorreproducción sin la previa autorización de
los editores.

Impreso en Hong Kong, Toppan Printing Company.

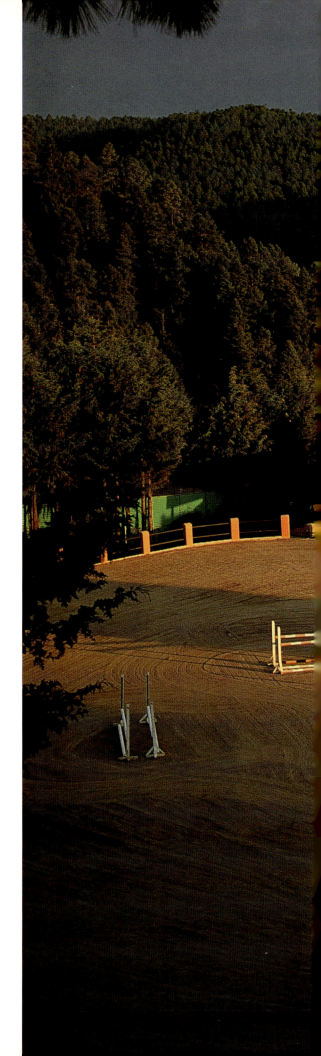

CONTENIDO
CONTENTS

14 **INTRODUCCIÓN**
   INTRODUCTION

ARQUITECTOS
ARCHITECTS

21 Guillermo Alcocer B.

29 Mario Armella Maza • Mario Armella Gullette

37 Enrique Bardasano Montaño

45 Moisés Becker

53 Alex Carranza Valles • Gerardo Ruiz Díaz

61 Andrea Cesarman K. • Emilio Cabrero • Marco Antonio Coello

69 Carlos Dayan Harari • Diego Casanova Guerrero

77 Fernando de Haro Lebrija • Jesús Fernández Soto • Omar Fuentes Elizondo

85 Andrés Escobar • Alvaro González Guerra

93 Claudio Gantous • Christian Gantous

101 José Antonio Gaxiola de Haro

109 Jaime Gómez Vázquez A. • José Manuel Gómez C.

117 Avelino González Espinosa

125 Francisco Guzmán Giraud • Alejandro Bernardi Gallo

133 Fernando Martínez Berlanga

141 Genaro Nieto Ituarte

149 José Nogal Moragues

157 José Eduardo Alonzo Sosa

165 Enrique Zozaya Díaz

173 **DIRECTORIO**
    DIRECTORY

INTRODUCCIÓN
INTRODUCTION

El tomo V de la serie Arquitectos Mexicanos, *Elegancia y Estilo*, incluye testimonios gráficos de la obra más reciente de 30 distinguidos creadores pertenecientes a distintas generaciones y con diversa formación académica. Cada uno ha alcanzado prestigio y una posición importante en el ámbito arquitectónico de nuestro país e incluso algunos de ellos han desarrollado proyectos y han obtenido reconocimientos en el extranjero. Igualmente, cada uno conserva su sello característico y su forma personal de interpretar los deseos y aspiraciones de sus clientes en diseños, volúmenes y espacios de diferentes estilos y tendencias.

Las obras que hemos seleccionado para ilustrar esta edición, confirman la solidez que ha alcanzado la arquitectura mexicana en los últimos años. Dentro de la diversidad de formas y conceptos hay, sin embargo, rasgos de identidad que comparten entre sí, como el respeto por el entorno, el aprovechamiento de la luz natural y las condiciones climáticas, la búsqueda de atmósferas tranquilas y acogedoras, el predominio de los valores estéticos en el concepto arquitectónico y en los espacios interiores, la selección de

The fifth volume of Arquitectos Mexicanos, Elegance & Style, *offers a graphic testimony of the works of over 30 of Mexico's most distinguished designers. Representing different generations and backgrounds, each one has achieved fame and recognition within this country's architectural field, and in some cases internationally with their projects abroad. Moreover, each has preserved their own uniquely identifiable way of satisfying the desires and dreams of their clients through differing design, volume and space solutions.*

The works we have selected for this latest edition effectively illustrate why Mexican architecture has been held in such high esteem in recent years. Within the diversity of forms and concepts found herein there are numerous shared traits, such as respect for the surrounding environment, the advantageous use of natural light and climatic conditions, the search for warm, peaceful spaces, the predominance of esthetic values in the exterior and interior design concept, the selection of colors and textures characteristically Mexican, and the adoption of solutions based on clearly defined styles.

colores y texturas característicos de nuestro país y la adopción de soluciones con estilos bien definidos, entre otros.

Para confirmar esa diversidad, las páginas de este quinto tomo incluyen proyectos que incorporan innovaciones tecnológicas que al mismo tiempo muestran un profundo respeto por la naturaleza. Materiales nobles y de origen natural, como la madera y la piedra, que conviven armónicamente con los productos de origen industrial. Formas audaces que a la vez recuperan formas constructivas ancestrales. Volúmenes que se inspiran en el señorío de la arquitectura tradicional mexicana.

Y en fin, texturas y colores, diseños de vanguardia, conceptos novedosos y arquitectura tradicional expresados como una manifestación de libertad creativa.

La arquitectura en México es un arte vivo y en continua evolución.

Fernando de Haro y Omar Fuentes

PP. 2, 3, 12 Y 13 Fernando de Haro, Jesús Fernández Soto y Omar Fuentes Elizondo.
Fotógrafo - photographer. Michael Calderwood.

PP. 4 Y 10 Carlos Dayan y Diego Casanova.
Fotógrafo - photographer. Víctor Benítez.

P. 7 Fernando Martínez Berlanga.
Fotógrafo - photographer. Jordi Farré.

PP. 8 Y 9 Moisés Becker.
Fotógrafo - photographer. Fernando Cordero.

PP. 4, 5 Y 15 Andrea Cesarman K., Marco Antonio Coello y Emilio Cabrero H.
Fotógrafo - photographer. Sebastián Saldivar.

P. 16 Jaime Gómez V. y José Manuel Gómez C.
Fotógrafo - photographer. Carlos Escobar Vázquez.

PP. 18 Y 19 Francisco Guzmán y Alejandro Bernardi.
Fotógrafo - photographer. Héctor Velasco Facio.

Underscoring this diversity, the pages of this fifth volume include projects that incorporate innovations that are at once technological yet deeply sensitive to nature; that show an uninhibited use of natural materials like wood and stone with manmade products; and that use forms that are fiercely original yet deeply rooted in a rich ancestral heritage. In short, each of these spaces pays tribute to the inspiring majesty of time-honored Mexican architecture.

The textures, colors, modern designs, innovate concepts and traditional architectural details on the following pages are a manifestation of unfettered creative freedom.

Architecture in Mexico is a living, organic art in constant evolution.

Fernando de Haro & Omar Fuentes

GUILLERMO ALCOCER B.

El objetivo de GUILLERMO ALCOCER, es crear lugares que armonicen con las dimensiones del cuerpo humano; espacios concebidos para ser vividos y no contemplados como una pintura o una escultura, atmósferas que provoquen un placer estético en armonía con el mundo natural.

"Se debe reducir el diseño a lo esencial, eliminando lo superfluo y logrando una gran sencillez. La arquitectura debe ser evocativa, austera, limpia, clara, ordenada y sobre todo sencilla como regla de oro de la elegancia, ajena a modas vanguardistas y tecnológicas, sin ostentaciones ni signos de riqueza."

The driving focus of GUILLERMO ALCOCER is to create people-friendly spaces. Spaces aligned with the real dimensions of our bodies. Spaces meant to be lived in and not simply viewed as a piece of art.

Says the architect, "Design should be reduced to what is essential; eliminating the unnecessary to achieve simplicity. As a golden rule of elegance, architecture should be evocative, austere, clean, clear, ordered, and above all, simple. It should be free of passing trends and technologies, of pretentiousness and the trapping of wealth."

pp. 21, 26 arriba y abajo der. y 27 Casa 2, Valle de Bravo, México.
pp. 22 y 26 abajo izq. Casa 1, Valle de Bravo, México.
pp. 24 y 25 Casa 3, México, D.F. Fotógrafo - photographer. Sebastián Saldívar.

MARIO ARMELLA MAZA
MARIO ARMELLA GULLETTE

Desde 1950 la firma ARMELLA ARQUITECTOS se ha dedicado al proyecto y construcción de casas habitación y edificios de departamentos. También ha realizado proyectos de centros comerciales, hoteles y condominios horizontales.

"En cada proyecto, sean obras nuevas o remodelaciones, hemos buscado hacer una arquitectura humana y mexicana; crear interés y lograr diferenciación de los espacios interiores, volumetría en los exteriores en armonía con el entorno; colores, texturas y materiales que definan perfectamente las líneas".
Todo ello en estrecha colaboración con el cliente para personalizar cada proyecto y lograr la funcionalidad y comodidad de los espacios arquitectónicos.

Since 1950 ARMELLA ARQUITECTOS has primarily been dedicated to the design and construction of quality homes and apartment buildings. During this time the firm has also done shopping malls, hotels and horizontal complexes.

"Whether starting fresh or remodeling, each project is guided by our pursuit to achieve a very human Mexican architecture; to stimulate interest and create differentiation among interior spaces; to harmoniously balance the exterior mass with the surroundings; to use colors, textures and materials that perfectly define lines."
Working in close collaboration with the homeowner or client, ARMELLA ARQUITECTOS personalizes each project by artfully blending functionality and comfort into their spaces.

pp. 29 a 35 Residencia en Culiacán, Sinaloa, México. Fotógrafo - photographer Alberto Moreno.

ENRIQUE BARDASANO MONTAÑO

En 1980, Enrique Bardasano siendo discípulo del arquitecto Antonio Atolini Lack, funda el despacho TALLER B, enfocado al desarrollo de proyectos residenciales y comerciales. En 1989, el taller se nutre con la experiencia del arquitecto Humberto Artigas, con quien realiza diferentes proyectos conjuntos.

A partir de ese momento inicia su etapa de consolidación como un despacho que, ahora con la colaboración de Viviane Frangié, busca darle una imagen nueva a la arquitectura tradicional mexicana, basada en el manejo de materiales naturales, donde la luz actúa como elemento esencial para lograr armonía entre los espacios interiores y exteriores.

Being a pupil of architect Antonio Atolini Lack, Enrique Bardasano started the TALLER B architectural firm in 1980 with a focus on residential and commercial projects. In 1989, the workshop was nourished by the experience that Humberto Artigas brought to it and the range of different projects that resulted.

This marked the initial consolidation of a design firm that, with the added collaboration of Viviane Frangié, seeks to give new meaning to traditional Mexican architecture. Taller B's designs reflect a distinctive handling of natural materials and light, which are essential elements for harmonizing interior and exterior spaces.

pp. 37, 40, 41 abajo y 43 Casa Bardasano, México, D.F.,
pp. 38, 39 y 41 arriba Casa en Rancho San Francisco, México, D.F.,
p. 42 Casa Villasante, México, D.F. Fotógrafo - photographer Arturo Chávez López.

MOISÉS BECKER

El arquitecto Moisés Becker es director de la firma BECKER ARQUITECTOS, donde un grupo de profesionales especializados en las áreas de diseño arquitectónico, construcción, promoción y comercialización, ofrece estos servicios de manera integral, en el medio de la arquitectura en México desde la fundación de la firma en 1982. En ocasiones, cuando se trata de mobiliario especial colabora con ellos el D.I. Simón Hamui.

Casas habitación, edificios corporativos y de vivienda residencial, forman parte del currículo profesional de este despacho que ha recibido, en tres ocasiones recientes, el reconocimiento de la Bienal de Arquitectura Mexicana, que organiza la Federación de Colegios de Arquitectos de la República Mexicana.

Architect Moisés Becker leads a group of professionals at BECKER ARQUITECTOS who specialize in design, construction, sales and marketing. The firm has been offering their turn-key services in Mexico since the company was founded in 1982. When a project requires special furnishings, the group occasionally calls in interior designer Simón Hamui.

BA's project portfolio includes homes, corporate buildings and residential developments. The company has received awards on three recent occasions from the Mexican Federation of Architectural Colleges' biannual Mexican Architectural Awards.

pp. 45 a 51 Puerta de Hierro, México, D.F. Fotógrafo - photographer. Fernando Cordero.

ALEX CARRANZA VALLES
GERARDO RUIZ DÍAZ

Desde que fundaron Taller de Arquitectura Mexicana, TARME, en 1982, estos arquitectos se han consolidado dentro de la arquitectura mexicana contemporánea como dos de sus mejores exponentes. Su obra tiene rasgos mexicanos y a la vez modernos, con personalidad y proporción, puede ser atrevida, pero ordenada y logra perdurar en el tiempo.

Siempre trabajan en armonía con sus clientes. Utilizan los nuevos productos y tecnologías que ofrece el mercado, también diseñan los acabados y el mobiliario para lograr unidad y armonía y brindar a los futuros moradores lo que consideran esencial: Arquitectura.

Since the founding of Taller de Arquitectura Mexicana TARME in 1982, the members of this firm have consolidated a position among the top exponents of contemporary Mexican architecture. Daring and disciplined, their work is a unique blend of traditional and modern that will stand the test of time.

Tarme architects work closely with their customers. Utilizing the latest materials and technology, they also design finishes and furnishings to obtain unity and harmony and to offer future inhabitants the architecture they feel is essential.

pp. 53 a 60 Casa Uhthoff, México, D.F. Fotógrafo - photographer. Luis Gordoa.

ANDREA CESARMAN KOLTENIUK
EMILIO CABRERO HIGAREDA
MARCO ANTONIO COELLO

Marco Coello, Emilio Cabrero y Andrea Cesarman integran el despacho C'CUBICA, que desde sus inicios se ha preocupado por poner en práctica la estrecha relación entre la arquitectura de interiores y la creación de espacios que respondan a las fantasías del cliente.

"Siempre tomando en cuenta la proporción y el contenido, en el ejercicio profesional del despacho, además del trabajo en las áreas de diseño de interiores, la arquitectura, el diseño industrial y el diseño gráfico, le hemos dado especial atención al área de decoración de interiores, donde siempre intentamos servir como traductores directos de la imaginación al espacio."

Marco Coello, Emilio Cabrero and Andrea Cesarman make up the C'CUBICA office. Ever since they started out they have tried to put into practice the close relationship between interior architecture and the creation of spaces that address clients' fantasies.

"Always considering proportion and content, our office, in addition to work in the areas of interior design, architecture, and industrial and graphic design, has given special attention to the area of interior decoration, where we always try to serve as direct translators from the imagination to space."

pp. 61 a 67 Loft Bosques, México, D.F. Fotógrafo - photographer. Sebastián Saldívar.

65

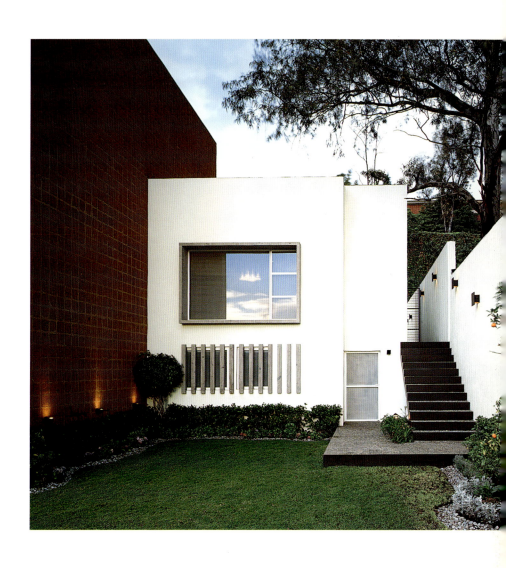

CARLOS DAYAN HARARI
DIEGO CASANOVA GUERRERO

Alumnos sobresalientes de la Universidad Iberoamericana, CARLOS DAYAN y DIEGO CASANOVA como estudiantes formaban un buen equipo que cristalizó con la fundación de su despacho profesional en 1999. La mayoría de sus trabajos son casas habitación, pero también desarrollan espacios comerciales.

Proponen diseños que perduren en el tiempo, ambientes estéticos, funcionales, sencillos y acogedores. Arquitectura contemporánea, con una discreta tendencia vanguardista, que incorpora elementos y materiales rústicos naturales con acabados muy limpios. Espacios ortogonales y formas sencillas donde la luz natural es determinante, igual que el diseño de la iluminación artificial, incorporando grandes ventanales, dobles alturas y tragaluces.

As top students at the prestigious Universidad Iberoamericana in Mexico City, CARLOS DAYAN and DIEGO CASANOVA formed a solid team. This early partnership was formalized by the creation of their design firm together in 1999. While the majority of their projects are residential homes, they also create commercial spaces as well.

Striking, timeless designs…simple, functional, warm environments. This is contemporary architecture with a discrete tendency toward modernism; of rustic materials and elements with clean finishes. As seen by the use of large windows, high ceilings and skylights, lighting design -both natural and artificial- plays a decisive role in the interplay between orthogonal spaces and basic forms.

pp. 69 a 76 Casa Ombues, México, D.F, Fotógrafo - photographer. Víctor Benítez.

FERNANDO DE HARO LEBRIJA
JESÚS FERNÁNDEZ SOTO
OMAR FUENTES ELIZONDO

ABAX, a lo largo de su quehacer arquitectónico y a pesar de ser una firma joven, ha logrado colocarse como uno de los despachos de diseño arquitectónico más importantes del país, tanto en el genero habitacional como en el hotelero. No importa la región de que se trate, ABAX tiene presencia en casas, condominios y hoteles de las ciudades más importantes de México y los destinos de playa más concurridos.

Fernando de Haro, Jesús Fernández y Omar Fuentes, encabezan este grupo de diseñadores comprometidos con el legado cultural de nuestro pueblo, incorporando los grandes logros tecnológicos y creando diseños contemporáneos con identidad propia.

Despite its relative youth as a firm, ABAX has become one of Mexico's leading residential and hotel designers. They have developed homes, condominiums and hotels in many of Mexico's major cities and beach destinations.

Fernando de Haro, Jesús Fernández and Omar Fuentes lead the talented group of designers at Abax with a vision that embraces Mexico's rich cultural legacy, the latest in technological advances and the group's signature contemporary designs.

P. 77 Casa en Hacienda de Santa Fe, México, D.F.
PP. 78 Y 79 Casa en Bosques de las Lomas, México, D.F.
PP. 80 Y 81 Casa Bosques de Santa Fe 1, México, D.F.
PP. 82 Y 83 Casa en Bosques de Santa Fe 2, México, D.F. FOTÓGRAFO - PHOTOGRAPHER. Michael Calderwood.

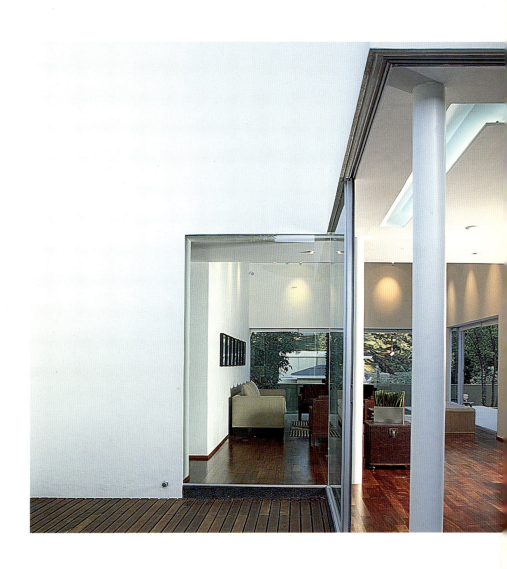

ANDRÉS ESCOBAR
ÁLVARO GONZÁLEZ GUERRA

Con alguna frecuencia, Álvaro González Guerra, director de CASA DE MÉXICO, y Andrés Escobar, director de TALLER ARQUITECTÓNICA, conjugan la experiencia de sus respectivos grupos para crear espacios comerciales o habitacionales muy especiales.

De esa combinación, generalmente surgen propuestas interesantes y novedosas, ya que ambos comparten la idea de que las necesidades cambian de un grupo social a otro y se expresan de formas diversas, y en ese sentido, el proyecto arquitectónico debe ser capaz de satisfacer los gustos y aspiraciones de cada cliente, donde quiera que éste se encuentre. Para alcanzar este objetivo, sus propuestas se basan en la búsqueda de nuevas soluciones personales en una arquitectura de vigencia universal.

It is not at all uncommon for Álvaro González Guerra, the head architect of CASA DE MÉXICO, and Andrés Escobar, the lead designer of TALLER ARQUITECTÓNICA, to combine the experience of their respective groups in order to create some very special residential and commercial projects.

What generally results from this collaboration are unique, innovative design concepts. Both firms share the idea that different social groups have different needs, and that these needs are expressed in different ways. The architectural concept must be capable of meeting each customer's tastes and desires, wherever the project is located. To achieve this objective each designer personally seeks new universal design solutions.

pp. 85 a 92 Casa en Guadalajara, Jalisco. Fotógrafo - photographer. Carlos Escobar Vázquez.

CLAUDIO GANTOUS
CHRISTIAN GANTOUS

De la práctica profesional, CLAUDIO y CHRISTIAN GANTOUS aseguran que han aprendido que hacer arquitectura es hacer ciudad y que cada obra nueva implica un compromiso colectivo. Han dejado de lado, pues, aquella actitud inicial del movimiento moderno que por muchos años caracterizó a la arquitectura mexicana, en la que cada uno decía que la experiencia propia era lo más valioso que se había realizado hasta ese tiempo y en ese lugar.

Una aproximación de definición conceptual de su propia arquitectura, es considerarla como una fina mixtura de criterios minimalistas, neoplasticistas, recuerdos conscientes o inconscientes de experiencias previas, que podrían ser referidas a las creaciones de Mathias Goeritz, Louis Kahn o Carlo Scarpa, con refinadas expresiones de detalle en algunos casos cercanas a la arquitectura industrial.

Professional experience has imbued CLAUDIO and CHRISTIAN GANTOUS with the belief that creating architecture is to create a city, and that each new project implies a collective commitment. They have gone beyond the modern movement that for many years characterized Mexican architecture. This trend was based on the premise that one's own experience up to that moment was to be valued the most.

An approximate conceptual definition of their work would be an exquisite mix of minimalist and neo-plastic criteria; conscious or subconscious memories of previous experiences recalling the creations of Mathias Goeritz, Luis Kahn or Carlos Scarpa; and, in certain cases, refined expressions of detail approaching industrial architecture.

pp. 93 a 99 Casa en Polanco, México, D.F., Fotógrafo - photographer. Héctor Velasco Facio.

JOSÉ ANTONIO GAXIOLA DE HARO

A partir de 1981 en que inicia su trabajo profesional, JOSÉ ANTONIO GAXIOLA se inclina por las tendencias contemporáneas de la arquitectura mexicana. Crea obras de dimensiones humanas; residencias y casas de campo o de playa, que gracias al extremo cuidado de los detalles y terminados, se convierten en ambientes cálidos y funcionales que se adaptan a las necesidades particulares de cada miembro de la familia.

Recurre al uso de materiales naturales como la madera, el mármol o la cantera, ya que vierten su propia estética sobre la arquitectura. La armonía entre los espacios, siempre sencillos y elegantes, crea un ambiente suave y relajante, ideal para vivir y trabajar durante muchos años.

Since he just started working professionally in 1981, JOSÉ ANTONIO GAXIOLA has shown an inclination towards the contemporary trends of Mexican architecture. He creates projects with human dimensions; residences, country and beach homes that, because of the finishes and extreme attention to detail, become warm and functional environments that adapt to the specific needs of each member of the familiy.

He feely uses natural materials such as wood, marble and stone, because they provide their own sense of aesthetics to the architecture. The harmony between spaces, always simple and elegant, creates a soft and relaxing environment, ideal to live and work in for many years.

PP. 101 A 107 Casa Arcano, Ixtapa, Guerrero. Fotógrafo - photographer. Michael Calderwood.

JAIME GÓMEZ VÁZQUEZ ALDANA
JOSÉ MANUEL GÓMEZ CASTELLANOS

CASAS DE MÉXICO, una firma que forma parte del Grupo GVA (Gómez Vázquez Aldana y Asociados), se especializa en proyectos de arquitectura residencial, dentro y fuera del país, y ha logrado posicionarse como una empresa líder en su ramo. Su compromiso es lograr la excelencia en su trabajo, buscando satisfacer las necesidades del cliente y creando espacios agradables y cálidos que alimenten el espíritu.

Este grupo de jóvenes arquitectos, con su creatividad y dinamismo, apoyados por la experiencia de la firma, está comprometido con una arquitectura contemporánea, utilizando materiales tradicionales, pero con una expresión actual, acorde con nuestro tiempo.

CASAS DE MÉXICO is an affiliate company of Grupo GVA (Gómez Vázquez Aldana & Asociados). The firm specializes in residential architecture within Mexico and abroad. The quality of their work has taken them to the top of their field. Casas de México is committed to excellence, designing warm, comfortable spaces that meet their clients' needs and soothe their spirits.

The creativity and energy of this group of young architects is backed by the experience of the parent company. Their work clearly shows a fresh take on the use of traditional materials in a contemporary context.

pp. 109 a 111 Casa Gómez Levy, Zapopan, Jalisco,
pp. 112 y 113 Coto de Caza, Zapopan, Jalisco,
pp. 114 y 115 Villa Magna, Zapopan, Jalisco. Fotógrafo - photographer. Carlos Escobar Vázquez.

113

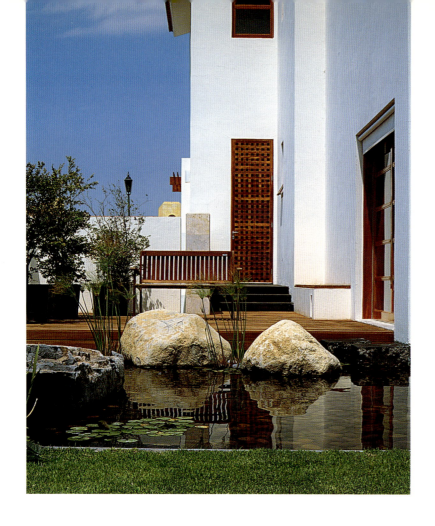

AVELINO GONZÁLEZ ESPINOSA

CONSTRUCTORA CAMPUS desarrolla condominios horizontales y casas unifamiliares. Promueve una arquitectura de luz, fresca y dinámica, que integre los espacios con proporción y funcionalidad. Espacios resueltos en un contexto de alta calidad, refugio para el hombre, su abrigo, lugar de descanso que cubra sus necesidades con placer y armonía.

La obra es sencilla y sin complicaciones, siempre de la mano del cliente buscando materiales simples y elementos naturales como el agua y la vegetación, tratando de fundir el exterior con el interior con colores suaves, tranquilos, que inviten a la meditación y a la paz.

CONSTRUCTORA CAMPUS designs and builds horizontal condominiums and single-family homes. The firm's designs promote an architecture that is fresh, vibrant, full of light, and that combine proportion with function. The result: quality homes that provide more than mere shelter. They are relaxing, comfortable places that embrace and protect from the outside world.

Clean, simple designs are created together with the customer by integrating basic yet elegant natural materials such as water and plants. The inside-outside relation is achieved through the use of soft, calming colors that encourage a peaceful atmosphere.

PP. 117, 121 Y 123 Condominio 2 casas, México, D.F.
PP. 118 A 120 Y 122 Casa Pedregal, México, D.F., FOTÓGRAFO - PHOTOGRAPHER. Diuxs y Erika Talavera.

FRANCISCO GUZMÁN GIRAUD
ALEJANDRO BERNARDI GALLO

Desde el momento en que FRANCISCO GUZMÁN y ALEJANDRO BERNARDI decidieron asociarse, se impusieron el compromiso de crear espacios acogedores, que llenaran las expectativas de sus clientes, no sólo desde el punto de vista estético, sino también funcional.

El rasgo distintivo de sus casas es que proyectan su esencia hacia el interior, como un acto de defensa hacia la hostilidad del exterior. Muestran inclinación por las líneas y acabados limpios, que no distraigan la atención del elemento que consideran más importante: el espacio. El toque de emotividad en los espacios lo consiguen con la sobreposición de formas y volúmenes, con cambios en las alturas y matices controlados en la iluminación, con el recurso de la transparencia y el uso de una amplia gama de elementos como domos y bóvedas.

From the moment FRANCISCO GUZMÁN and ALEJANDRO BERNARDI decided to partner, they gave impulse to a commitment to create warm, comfortable spaces that would meet the expectations of their clients, both esthetically and functionally.

The distinctive trait of their designs is how the essence of the home is projected inward, as if in defense against the hostile world.

They show a clear preference for clean lines and finishes that don't distract from what they feel is most important: the space. The emotional impact of the spaces is achieved through the superimposition of form and volume, contrasts in heights, controlled lighting nuances, the use of transparency and the application of a broad range of elements such as domes and vaulted ceilings.

pp. 125 a 131 Casa Nueva, Valle de Bravo, Edo. de México.
Fotógrafo - photographer. Héctor Velasco Facio.

FERNANDO MARTÍNEZ BERLANGA

FERNANDO MARTÍNEZ BERLANGA, dedicado desde hace más de diez años al desarrollo de proyectos residenciales y casas de descanso, ha conjuntado esfuerzos con los Arquitectos Alberto León Santacruz y Alberto Valdés Lacarra manteniendo como principal objetivo proyectar espacios en los que se refleje un absoluto respeto por las necesidades del usuario y la naturaleza del entorno.

En su obra se entrelazan la elegancia y funcionalidad con una tendencia recurrente a armonizar los espacios interiores y exteriores. El contraste de los materiales naturales y los elementos estructurales, complementado por un juego de iluminación, natural y artificial, crea un equilibrio visual y espacial entre el contorno arquitectónico y el entorno natural.

FERNANDO MARTÍNEZ BERLANGA *has been designing residential and vacation homes for more than ten years. Together with architects Alberto León Santacruz and Alberto Valdés Lacarra, his prime goal is to create spaces that embody total respect for the client's needs and the surrounding environment. His works blend elegant functionality with a penchant for harmonizing interiors and exteriors. The contrast between natural materials and structural elements is complemented by the interplay of natural and artificial light. The result is a visual and spatial balance between architecture and nature.*

pp. 133 a 135 Casa Marconi, México, D.F.,
pp. 136 y 137 Casa Lerma, Edo. de México,
pp. 138 y 139 Casa Alférez, Edo. de México. Fotógrafo - photographer. Jordi Farré.

GENARO NIETO ITUARTE

Con la sensibilidad para traducir las ideas, inquietudes y necesidades de sus clientes, tanto en proyectos como en construcciones, el Arq. Genaro Nieto, quien encabeza la firma GRUPO ARQUITECTÓNICA, ha logrado cumplir con su principal objetivo, que el cliente goce de cada espacio diseñado con el más mínimo detalle.

Es interesante mencionar cómo este grupo de profesionales logra integrar en sus proyectos, desde la armonía con el sitio, hasta la realización de espacios equilibrados, dentro de una arquitectura contemporánea mexicana, conservadora y elegante. Así pues, el cliente puede ver transformados sus gustos e inquietudes mediante la creatividad que distingue por naturaleza al arquitecto.

With Genaro Nieto at the helm, the ultimate goal of GRUPO ARQUITECTÓNICA is to achieve each client's total satisfaction. Whether in the design or construction phase, architect Nieto's sensitivity to his customers' ideas, concerns and requirements is the key to accomplishing this objective, right down to the smallest detail.

Conservative, elegant, contemporary Mexican, the company's projects are well-balanced spaces that harmonize with the urban or natural landscape. Every customer's wants and needs are transformed into reality through the architect's signature creativity.

pp. 141, 145 ABAJO, 146 Y 147 Casa il Forno, Valle de Bravo, Edo. de México, pp. 142, 144 Y 145 ARRIBA Casa de Lupita, Valle de Bravo, Edo. de México, FOTÓGRAFO - PHOTOGRAPHER. Paul Czitrom.

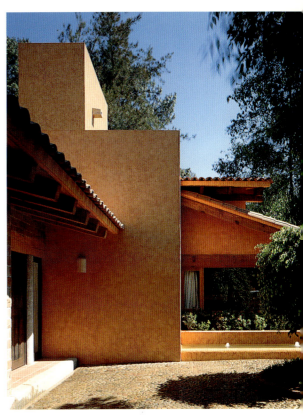

145

JOSÉ NOGAL MORAGUES

JOSÉ NOGAL es, ante todo, un interiorista dotado de un talento excepcional y de una calidad humana que lo convierten en una persona de fino trato y gran caballerosidad.

Su capacidad para armonizar, dentro de una misma obra, diversas corrientes y estilos, es uno de sus puntos distintivos. Siempre busca integrar la naturaleza como remate visual. Su aprovechamiento de la luz natural es característico de todas sus construcciones. Lo realizado en México ha incrementado su experiencia y le ha permito incursionar en mercados como Estados Unidos y Centro América, siempre con la convicción de mantener los valores básicos de la arquitectura, fundamentos del diseño y elementos clásicos que identifican sus proyectos.

JOSÉ NOGAL is first and foremost an exceptional interior designer, but also a fine human being and true gentleman.

One of his trademarks is his ability to harmonize diverse currents and styles within a single project. He always seeks to incorporate nature as a visual detail and adeptly uses natural light as a recurring design feature in his work. His experience in Mexico has enabled him to make inroads into U.S. and Central American markets, where he continues to apply his basic architectural values and the classic elements that characterize his designs.

PP. 150 A 156 Casa Lomas Hipódromo, México, D.F. FOTÓGRAFO - PHOTOGRAPHER. Víctor Benítez.
P. 149 FOTÓGRAFO - PHOTOGRAPHER. Enrique Gutiérrez.

JOSÉ E. ALONZO SOSA

"Un cielo amplio y azul veteado con blancas nubes y el aire con aroma subtropical que desciende en un suelo calizo, han caracterizado a la península de Yucatán desde los antiguos mayas hasta hoy día. Este espacio geográfico, nos ha permitido edificar diseños arquitectónicos como una alternativa integral, proyectando nuestras ideas hasta la materialización en casas, hoteles y edificios así como la decoración interior.

Nuestro trabajo es posible gracias a la intervención teórica y técnica de un equipo de profesionales y artesanos que diseñan, planean o manipulan materiales como piedra, granito, mármol y madera, legado de una cultura de la región, para darle el sello particular que nos caracteriza."

"An expansive blue sky streaked with clouds, the perfume of the tropics hanging over the limestone terrain. This describes the Yucatan Peninsula as much today as in ancient Mayan times. The Yucatan has been a continuing source of inspiration for complete design alternatives in homes, hotels, office buildings and interior decoration.

Integrating modern technical and theoretical contributions, our team of professionals and artisans design, plan and build, using local natural materials like field stone, granite, marble and wood that define this region and its culture, and are the signature of our company."

pp. 157 a 159 Casa Díaz-Mier y Terán, Progreso Yucatán,
pp. 160 y 161 Villa Taichi, Telchac, Yucatán,
pp. 162 y 163 Villa Xace-Ha, Chicxulub, Yucatán. Fotógrafo - photographer. Roberto Cárdenas.

ENRIQUE ZOZAYA DÍAZ

ZOZAYA ARQUITECTOS se ha constituído como una pequeña empresa integrada por arquitectos e ingenieros provenientes de diferentes universidades y estados de la república, que comparten el mismo interés por investigar y proponer nuevos métodos de construcción, respetando el entorno del paisaje tropical.

Para lograrlo han experimentado con todo tipo de maderas, piedras, barros y otros materiales de la zona y han aprendido de los lugareños las distintas formas de solucionar los espacios, aprovechando las condiciones del clima y las ventajas del entorno, para crear ambientes diferentes, con efectos especiales y mayor eficiencia en todos los aspectos de la construcción.

ZOZAYA ARQUITECTOS is a small design firm made up of architects and engineers from different states and universities in Mexico, who share a passion for discovering and applying new building methods that will respect the integrity of tropical environments.

To achieve this, they have experimented with the full range of woods, stone, clays and other regional materials. In their pursuit they have gained a wealth of knowledge from local inhabitants concerning different space solutions. These include taking advantage of climatic conditions and environmental attributes to create unique atmospheres, special effects and greater efficiency in all aspects of the construction.

p. 165 Casa El Simposium, Ixtapa, Guerrero,
p. 166 Casa en Ixtapa, Guerrero,
pp. 168 y 169 Casa de la Bola, Zihuatanejo, Guerrero,
pp. 170 y 171 Casa Arrebato, Zihuatanejo, Guerrero, Fotógrafo - photographer. Michael Calderwood.

DIRECTORIO
DIRECTORY

GUILLERMO ALCOCER B.
Alcocer Arquitectos

Sucila No. 159,
Héroes de Padierna,
México, D.F., 14200
Tels. - Fax. 56.30.45.78 - 56.30.63.82
E-mail: gabat3@prodigy.net.mx

MARIO ARMELLA MAZA
MARIO ARMELLA GULLETTE
Armella Arquitectos

Av. Revolución No.1909-10,
San Angel, México, D.F., 01090
Tels. 55.50.02.92 / 05.49 - 56.16.41.08
E-mail: armella@arquitectura.com.mx

ENRIQUE BARDASANO MONTAÑO
Taller B

Acueducto San Angel No. 145,
Fracc. Rancho San Francisco,
México, D.F., 01800
Tels. 55.85.27.06. - 54.25.09.96
E-mail: ebardasano@yahoo.com.mx
www.tallerb.com.mx

MOISÉS BECKER
BECKER ARQUITECTOS

Monte Líbano No. 235-PB,
Lomas de Chapultepec,
México, D.F., 11000
Tel. 55.40.74.10
Fax. 55.20.08.10
E-mail: abecker@prodigy.net.mx

ALEX CARRANZA VALLES
GERARDO RUÍZ DÍAZ
TARME

Gobernador José Guadalupe
Covarrubias No. 57 –16,
San Miguel Chapultepec,
México, D.F., 11850
Tels. 55.15.37.05 – 52.72.39.35
E-mail: grd@tarme.com
acv@tarme.com

ANDREA CESARMAN K.
EMILIO CABRERO H.
MARCO ANTONIO COELLO
C'CÚBICA

Ahuehuetes Norte No. 60,
Bosques de las Lomas,
México, D.F., 11700
Tels.- Fax. 55.96.04.47 - 52.51.69.38
E-mail: cubica@infosel.net.mx

CARLOS DAYAN HARARI
DIEGO CASANOVA GUERRERO
DIM INGENIEROS Y ARQUITECTOS, S.C.

Agustín M. Chávez No. 1, desp. 202,
Lomas de Santa Fe,
México, D.F., 11210
Tels. 52.92.29.28 / 29.25 – 56.73.28.98

FERNANDO DE HARO LEBRIJA
JESÚS FERNÁNDEZ SOTO
OMAR FUENTES ELIZONDO
Abax

Paseo de Tamarindos No. 400 B-102,
Bosques de las Lomas,
México, D.F., 05120
Tels. 52.58.05.58 / 57
Fax. 52.58.05.56
E-mail: abax@abax.com.mx

ANDRÉS ESCOBAR
ÁLVARO GONZÁLEZ GUERRA
Taller Arquitectónica y Casas de México

Montevideo No. 2943,
Providencia, Guadalajara, Jal., 44639
Tels. (3) 56.41.15.56 / 54 / 59
Fax. (3) 56.41.15.58
E mail: t-a@megared.net.mx

CLAUDIO GANTOUS
CHRISTIAN GANTOUS
Gantous Arquitectos

Calle 2 No. 2, Reforma Social,
11650, México, D.F.,
Tels. 52.02.88.52. Fax. 52.02.04.38
E mail: claudio@gantousarquitectos.com
christian@gantousarquitectos.com

JOSÉ ANTONIO GAXIOLA DE HARO
Gaxiola Arquitectos S.C.

Paseo de Tamarindos No. 400 B-102,
Bosques de las Lomas,
México, D.F., 05120
Tels. 52.58.04.24 / 01.74 / 03.52
Fax. 52.58.05.51
E-mail: jagax@jagax.com.mx

JAIME GÓMEZ VÁZQUEZ A.
JOSÉ MANUEL GÓMEZ C.
Casas de México

Av. Aurelio Ortega No. 736
Seattle, Zapopan, Jalisco, 45150
Tels. (3)833.13.01 Fax. (3)833.13.02
E-mail: casasdemexico@infosel.net.mx
www.casasdemexico.com.mx

AVELINO GONZÁLEZ ESPINOSA
Constructora Campus S.A. de C.V.

Lluvia No. 212,
Pedregal de San Angel,
México, D.F., 01900
Tels. 55.68.14.66 / 31.96
Fax. 55.68.16.13
E-mail: avelinoglz@prodigy.net.mx

FRANCISCO GUZMÁN GIRAUD
ALEJANDRO BERNARDI GALLO

Prol. Paseo de la Reforma 1232
Torre A, 4 piso, México, D.F.,
Tels. 91.49.49.80 / 81 / 82 / 83
E-mail: arqfguzman@aol.com.mx
abg@adetel.net.mx

FERNANDO MARTÍNEZ BERLANGA

Bosque de Duraznos No. 69 -1108,
Bosques de las Lomas,
México, D.F., 11700
Tels. - Fax. 55.96.20.90 - 52.51.26.23
E-mail: fmb1108@yahoo.com

GENARO NIETO ITUARTE

GRUPO ARQUITECTÓNICA S.A DE C.V.

Prolongación Paseo de la Reforma
No. 39 -208, Paseo de las Lomas,
México, D.F., 01330
Tels. 52.92.00.56 - 52.92.39.31
Fax. 52.92.36.81
E-mail: gruparq@prodigy.net.mx

JOSÉ NOGAL MORAGUES

NOGAL ARQUITECTOS

Vosgos No. 212 A,
Lomas de Chapultepec,
México, D.F., 11000
Tel. 55.20.51.90
Fax. 55.20.68.23

JOSÉ EDUARDO ALONZO SOSA

JAS ARQUITECTOS S.A. DE C.V.

Calle 20 No. 236 por 13,
México Oriente,
Merida, Yucatán, 97000
Tel. (999) 926.14.65
Fax. (999) 926.63.89
E.mail: jalonzo@yuc.quik.com
www.jasarquitectos.com

ENRIQUE ZOZAYA DÍAZ

ZOZAYA ARQUITECTOS

Centro Comercial Las Fuentes No. 10,
Ixtapa, Guerrero, 40880
Tels. (755) 55.324.15 / 301.16 / 301.17
Fax. (755) 55.306.08
E-mail: zar@cdnet.com.mx

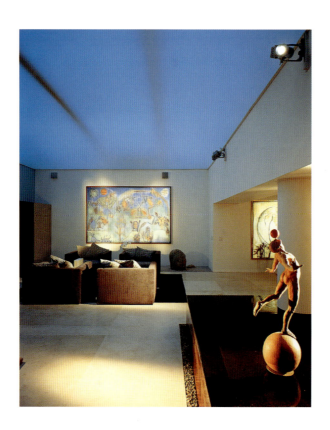

Se terminó de imprimir en el mes de agosto del 2002 en Toppan Printing Company, Hong Kong.
Su formación se llevó a cabo con el programa PageMaker, utilizando tipografías Optima y Veljovich.
Está impreso en prensa plana. El cuidado de edición estuvo a cargo de Arquitectos Mexicanos Editores.
Esta primera edición consta de *8,000 ejemplares*.